DES

ABCÈS DES PAROIS DU THORAX

CAUSES OU CONSÉQUENCES

DE LÉSIONS DES ORGANES THORACIQUES

PAR

Albert LEGRAND,
Docteur en médecine de la Faculté de Paris,
Aide-major stagiaire au Val-de-Grâce.

PARIS
A. PARENT, IMPRIMEUR DE LA FACULTÉ DE MÉDECINE
29-31, rue Monsieur-le-Prince, 29-31.

1876

DES

ABCÈS DES PAROIS DU THORAX

CAUSES OU CONSÉQUENCES

DE LÉSIONS DES ORGANES THORACIQUES

PAR

Albert LEGRAND

Docteur en médecine de la Faculté de Paris,
Aide-major stagiaire au Val-de-Grâce.

PARIS
A. PARENT, IMPRIMEUR DE LA FACULTÉ DE MÉDECINE
29-31, rue Monsieur-le-Prince, 29-31.

1876

DES

ABCÈS DES PAROIS DU THORAX

CAUSES OU CONSÉQUENCES

DE LÉSIONS DES ORGANES THORACIQUES

> *Felix qui potuit rerum cognoscere causas.*

L'idée de décrire quelque chose de nouveau, d'ajouter quelques pages à l'histoire des maladies qui rentrent dans le cadre nosologique, était loin de ma pensée lorsque j'entrepris ce petit travail. Je n'ai voulu que grouper quelques faits que le hasard m'avait présentés, montrer la concordance qui existait entre eux et ce que j'avais trouvé écrit ailleurs. J'ai constaté les faits, j'ai cherché à les expliquer. Mon seul but étant d'établir les relations de causes à effets qui existaient entre eux, je n'ai voulu, dans aucun cas, me placer au point de vue clinique.

Ceci n'est donc pas une étude sur un point ignoré de la science, mais un coup d'œil d'ensemble sur les abcès des parois du thorax, en prenant comme point de départ la relation qui existe entre ces abcès et les maladies des organes que contient la cage thoracique.

Je n'ignore pas combien ce travail est imparfait, mais je compte sur la bienveillante indulgence de mes juges.

DÉFINITION. — DIVISION. — BIBLIOGRAPHIE.

« Les chirurgiens entendent aujourd'hui par abcès toute collection de pus, quels qu'en soient le siége et l'origine, dans une poche circonscrite autre que les cavités des plèvres ou du péritoine. » (Denonvilliers.)

Ne voulant pas entrer dans des discussions qui, en égard au sujet que je me propose de traiter, n'auraient aucune importance, je me contente de cette définition, et j'appelle abcès de la paroi thoracique toute collection de pus se faisant entre le feuillet pariétal de la plèvre et du péricarde d'une part, et la peau de la cage thoracique d'autre part.

De leur localisation même, nous pouvons *à priori* penser que ces abcès peuvent avoir, dans certains cas, un retentissement sur les organes importants dont ils sont si voisins, comme ils peuvent résulter aussi de l'inflammation de ces mêmes organes.

M. le professeur Broca a, dans un mémoire écrit en 1850, attiré l'attention sur l'influence que peuvent avoir les inflammations du sein et de l'aisselle sur la production de pleurésies secondaires.

M. Leplat, alors professeur agrégé au Val-de-Grâce, a mis à l'ordre du jour, en 1865, les abcès de voisinage qui se produisent à la suite de la pleurésie.

Voulant généraliser et coordonner les faits démontrés par MM. Broca, Leplat, et d'autres venus à leur suite, mon plan était tout tracé, et je l'ai suivi.

J'étudie donc dans une première partie l'influence des abcès de la paroi thoracique sur la production des lésions de la plèvre, du péricarde, des poumons.

Dans une seconde partie, je chercherai à montrer quel retentissement peut avoir une affection de la séreuse ou du poumon sur le tissu cellulaire de la paroi thoracique.

Mais, avant de commencer, qu'il me soit permis d'indiquer les principaux ouvrages dans lesquels j'ai puisé les matériaux de ce travail.

BROCA. — Sur la pleurésie secondaire. *Archives générales de médecine*, 1850.
GUBLER. — Note sur un cas de pleurésie purulente. Société de de biologie, 1850.
BRIBAND. — Thèse de Paris, 1856.
GUÉRINEAU. — Thèse de Paris, 1859.
LEPLAT. — Des abcès de voisinage dans la pleurésie. *Archives générales de médecine*, 1865.
BOUSSAC. — Thèse de Paris, 1867.
LA CHAPELLE. — Thèse de Strasbourg, 1868.
FLAMMARION. — Thèse de Strasbourg, 1869.
DOLBEAU. — *Bulletin de thérapeutique*, 1872.
CHONÉ. — Thèse de Paris, 1873.
Dictionnaire en 30 volumes, articles divers.
CORNIL et RANVIER. — Histologie normale et pathologique.
CHASSAIGNAC. — De la suppuration et du drainage.

PREMIÈRE PARTIE

CHAPITRE PREMIER

L'INFLAMMATION DÉVELOPPÉE AUTOUR D'UN ABCÈS PEUT SE PROPAGER AU LOIN.

« Toute inflammation qui est la conséquence d'une autre inflammation mérite le nom d'inflammation secondaire » (1).

Partant de là, M. le professeur Broca étudie le retentissement de l'inflammation du sein et de l'aisselle sur la plèvre, et il démontre que la pleurésie qui survient à la suite des grandes opérations qui se pratiquent sur ces parties est le résultat d'une propogation directe, se faisant par l'extension pure et simple du foyer primitif; par conséquent une pleurésie secondaire.

Mais il est d'autres inflammations que celles qui succèdent à de grands traumatismes, chirurgicaux ou autres. L'enveloppe de la cavité thoracique est constituée par l'union dans un certain ordre d'éléments anatomiques appartenant aux principaux systèmes de l'organisme humain. Chacun de ces systèmes peut être atteint, par une cause ou par une autre. Dans presque tous l'élément anatomique peut répondre à la provocation par un travail

(1) Broca. *Loc. cit.*

morbide inflammatoire pouvant aboutir à la production de globules de pus. Ces globules de pus se réunissent, se collectent dans une cavité circonscrite, et nous avons un abcès, et une inflammation existe là, apte à se propager en tous sens.

Ces abcès peuvent provenir de causes diverses et se produire en bien des points différents dans la paroi thoracique. Sans parler des abcès dits idiopathiques, se produisant sous on ne sait quelle influence dans le tissu cellulaire, on peut avoir des abcès succédant à une lésion des côtes, de la colonne vertébrale, etc., à une lésion osseuse en un mot. D'autres proviennent des ganglions de l'aisselle. D'autres proviennent de la glande mammaire, comme celui que cite M. Broca, et dont je reproduis plus loin l'observation. D'autres enfin succèdent à des lésions inflammatoires des organes thoraciques et feront l'objet de la seconde partie de ce travail.

Quelle qu'en soit la cause, quel qu'en soit le siége, un abcès est toujours le résultat d'une inflammation. (Sauf les abcès métastatiques dont nous n'avons pas à nous occuper ici.) Si cette inflammation est violente, comme dans les abcès dits phlegmoneux, elle a une grande tendance à la propagation. Si au contraire elle est faible, comme dans les abcès dits froids, cette tendance est beaucoup moindre.

Mais toujours un abcès a une tendance à propager l'inflammation et à s'augmenter aux dépens des tissus voisins. Et l'on ne comprendrait même pas qu'il en fût autrement. Qu'est-ce, en effet, que cette accumulation de pus, sinon un corps étranger faisant l'office d'irritant sur les tissus qui l'entourent? Il ne me semble pas possible de comprendre une inflammation se limitant en un point déterminé, s'y localisant sans que les parties voisines se trouvent blessées, froissées pour ainsi dire d'un pareil voisinage. Ce qui en résulte, c'est une irritation, premier degré de l'inflammation. Que très-souvent cette irritation ne produise rien ; que l'inflammation propagée n'aboutisse pas, c'est possible, mais elle n'en existe pas moins. Le traitement peut juguler cette marche envahissante. Des circonstances autres, l'état général du malade, des causes enfin que nous ne connaissons pas, peuvent y mettre une barrière, la faire avorter. Ne voyons-nous pas du reste dans tous les traités de pathologie que l'inflammation peut se terminer par résolution ou par induration, tout aussi bien que par suppuration ? Pourquoi tel mode prévaut-il dans telle circonstance ? Nous l'ignorons d'une façon générale, mais ce n'en est pas moins un fait que la clinique nous permet de constater chaque jour.

Ainsi donc une inflammation va, prenant naissance dans l'épaisseur de la paroi thoracique, s'étendre, se propager en tous sens. Mais quelle sera sa marche ? Ici intervient une donnée nouvelle. La nature des tissus qu'elle va rencontrer.

Il est de connaissance vulgaire que tous les tissus ne sont pas également propres à recevoir et à développer l'inflammation. « Sans vouloir tracer ici des définitions absolues, on se rapproche davantage de la vérité en classant les tissus inflammables de la façon suivante : 1° Muqueuses et peau ; 2° tissu cellulaire, séreuses, poumons ; 3° os et périoste ; 4° reins, foie, cerveau, rate ; 5° muscles et nerfs » (1).

Or que trouvons-nous dans la paroi thoracique ?

1) Follin. Traité de pathologie externe.

Sur un squelette cartilagino-osseux, se groupent des muscles et du tissu conjonctif sous ses diverses formes ; et pour doubler le tout, en dehors la peau, en dedans une séreuse.

De là, nous pouvons déduire *à priori*, d'une façon générale, la marche qu'une collection purulente suivra, selon qu'elle aura plus ou moins d'obstacles à traverser pour arriver à la plèvre ou à la peau. Si par exemple l'abcès a son siége sur la face externe d'une côte, pour arriver à la plèvre, l'inflammation a à se propager à travers l'os, ou plusieurs plans musculaires revêtus de leurs aponévroses, et formant une cloison complète. Or ce sont là des tissus jusqu'à un certain point réfractaires à l'inflammation. Vers la peau au contraire, il y a bien des couches musculaires, mais ces couches sont unies par un tissu cellulaire lâche, et forment des cloisons incomplès. Au surplus, l'art intervient le plus souvent pour diriger au dehors, à travers les tissus, le plus collecté qui sert de point de départ à l'inflammation propagatrice. Mais si, malgré l'ouverture au dehors artificielle ou naturelle, l'inflammation demeure, comme lorsqu'elle a pour point de départ une lésion osseuse par exemple, nous avons des chances de voir cette inflammation persistante se propager à travers la cloison musculo-osseuse et arriver jusqu'à la séreuse.

Le but que je me suis proposé n'étant pas de déterminer les cas où la marche de l'inflammation doit se faire vers le dehors, et ceux où elle doit se faire vers le dedans, mais bien de montrer qu'elle peut se faire vers le dedans, je laisse là ces notions préliminaires, et j'étudie comment se fait cette marche vers la séreuse.

Dans son mémoire, M. Broca a résumé les conclusions qu'il avait tirées autre part. Les vaisseaux capillaires seuls peuvent propager l'inflammation. Ce fut l'opinion classique, et aujourd'hui encore elle compte un grand nombre de partisans. Cependant, depuis quelques années, les belles recherches qui ont été faites sur les lymphatiques ont mis au jour une théorie qui veut trouver dans ces vaisseaux le mode de propagation de l'inflammation.

Il ne m'appartient pas de trancher une question qui a divisé des hommes beaucoup plus autorisés que moi. Je me bornerai donc à faire remarquer que, soit par les capillaires, soit par les lymphatiques, la propagation de l'inflammation s'explique facilement. Je dirai plus, c'est par ces deux voies que la propagation se peut produire. Seulement elle diffère dans son essence même, selon le mode qu'elle emploie.

Par les capillaires, la propagation est naturelle, car tout autour du foyer se trouve un riche réseau, attenant aux muscles, aux os, etc., réseau en continuité, par le tissu cellulaire sous-séreux, avec celui de la séreuse qui est également très-riche.

Par les lymphatiques, la propagation de l'inflammation paraît encore d'un mécanisme bien simple. On sait que les lymphatiques forment les uns avec les autres des anastomoses, qui mettent en communication les réseaux superficiels et profonds. N'a-t-on pas, d'autre part, assimilé les séreuses à de vastes cellules lymphatiques?

Voici, du reste, ce qu'en disent MM. Cornil et Ranvier: « Les grandes cavités séreuses, si elles présentent des dispositions très-complexes au point de vue de l'anatomie descriptive, n'en sont pas moins toutes construites sur le même type histologique, et celui-ci est très-simple : Une couche de tissu conjonctif dense, tapissée par une seule rangée de cellules épithéliales aplaties.... Le tissu conjonctif, qui constitue la paroi des séreuses, contient une très-grande quantité de vaisseaux lymphatiques, dont les plus superficiels sont situés immédiatement au-dessous de l'épithélium » et un peu plus haut : « Or, dans ces cavités séreuses, on a pu reconnaître par des expériences physiologiques une communication directe de la cavité avec les vaisseaux lymphatiques voisins » (1).

J'ai dit que je pensais pouvoir rapporter, selon les cas, la propagation aux capillaires et aux lymphatiques. C'est qu'en effet la marche de l'inflammation peut être ramenée à deux types bien distincts. Dans le premier, la propagation se fait par les éléments anatomiques mêmes, qui sont en contiguité avec le foyer. Par là, l'abcès arrive à perforer pour ainsi dire toute la partie de la paroi thoracique qui le sépare de la face externe du feuillet pariétal de la plèvre, et c'est ainsi que se produisent la plupart des abcès sous-pleuraux. On conçoit facilement qu'alors la plèvre s'enflamme. C'est cette marche que suit la propagation dans les vastes abcès qui opère de si grands décollements. Selon le second type, au contraire, la propagation se fait à distance, et l'on trouve une certaine quantité de tissu normal entre le foyer de l'abcès et la plèvre. La pleurésie est alors à l'abcès des parois thoraciques ce qu'est le phlegmon profond de

(1) Cornil et Ranvier. Histologie normale et pathologique.

l'avant-bras à la plaie de la main qui en est le point de départ.

De même donc que M. le professeur Dolbeau l'a démontré pour l'avant-bras (1), on a une angioleucite suppurée. Le point de départ est l'abcès. Le point d'arrivée est le renflement lymphatique qui porte le nom de plèvre. Entre les deux se peut faire aussi une autre collection purulente, sur un autre renflement lymphatique. On avait autrefois parfaitement constaté cette possibilité; seulement on l'avait attribuée à ce que là se trouvait un tissu propre à l'inflammation et à la suppuration, tandis que le tissu intermédiaire resté sain était inflammable, mais peu propre à la suppuration.

CHAPITRE II.

PROPAGATION A LA PLÈVRE.

Ainsi donc, rien n'est invraisemblable, dans la propagation à la séreuse, de l'inflammation développée autour d'un abcès de la paroi thoracique, et une seule chose peut nous étonner, c'est qu'on n'ait pas plus souvent constaté la pleurésie à la suite de ces abcès. Cela tient, je crois, à ce que souvent cette lésion existe sans que le médecin la constate, soit par négligence, soit que la maladie demeure à l'état latent.

Dans son article sur la pathologie de l'aisselle, dans le Dictionnaire en 30 volumes, Velpeau appelle l'attention sur cette conséquence trop souven

(1) Dolbeau. *Bulletin de thérap.*, 1872.

négligée : « A voir le silence que gardent les auteurs sur les terribles effets des abcès de l'aisselle, on serait porté à en nier la fréquence. Rien n'est plus commun cependant. Le peu d'attention qu'on leur accorde généralement tient sans aucun doute à ce que leur véritable mécanisme n'en avait pas été saisi.

Quand on les étudiera avec plus de soin, on acquerra facilement la preuve que la mort qu'ils entraînent parfois est causée, plus souvent qu'on ne pense, par les épanchements de poitrine..... Deux fois j'ai vu les grands abcès de l'aisselle amener un épanchement pleurétique mortel, par simple transmission médiate. »

Mais les accidents ne sont pas toujours aussi graves que ceux qu'indique Velpeau. Souvent une pleurésie existe, qui n'est même pas soupçonnée. La preuve de ce que j'avance est dans ces fausses membranes, ces adhérences quelquefois très-étendues, qu'on rencontre à l'autopsie chez des individus qui n'accusent aucune pleurésie antérieure.

Il ne faudrait pas croire que ce ne soit que lorsque l'abcès siége à certaines régions déterminées, comme l'aisselle, qu'il comporte de semblables conséquences. Ce que Velpeau dit à propos de l'aisselle, il le dit à propos du sein. Dans le même ouvrage, Marjolin va plus loin et explique d'une façon générale pour toute la paroi thoracique la marche que suivent quelques-uns de ces abcès :

« Mais quand le pus s'amasse sous l'un des larges muscles qui recouvrent le thorax, qu'il soit venu de l'aisselle ou du cou, ou bien qu'il ait été formé sur place, il envahit les lames cellulaires qui séparent les muscles entre eux, opère de larges décollements, et s'étend bientôt jusque sur la surface externe des côtes et des muscles intercostaux. Alors, par son contact prolongé, il peut enflammer le périoste des côtes et des muscles intercostaux, et arriver jusqu'à la surface externe de la plèvre qui, seule, l'empêche de pénétrer dans la poitrine. »

Je publie ici une observation d'un cas de ce genre ; je la dois à l'obligeance de l'un de mes collègues qui l'a recueillie au Val-de-Grâce, dans le service de M. le professeur agrégé Laveran. Je la fais suivre d'une autre empruntée au mémoire de M. Broca, et du résumé succint de deux autres observations publiées dans une thèse sur les abcès sous-pectoraux, par le Dr Briband (1).

OBS. I. — *Abcès sous-pectoraux, suivis de pleurésie double.* — P.., soldat au 78e de ligne, âgé de 22 ans, entre au Val-de-Grâce, salle 30, le 28 novembre 1875. Il est atteint de fièvre typhoïde. La maladie évolue, les symptômes disparaissent, l'état général s'améliore.

Pendant tout le mois de janvier, le malade est considéré omme convalescent. La fièvre, la bronchite, la diarrhée disparaissent. Le malade se lève un peu, a de l'appétit, mange, et dit même ne pouvoir se rassasier. L'amaigrissement est considérable.

Le 2 février. Le malade se plaint, depuis quelques jours, de frissons le soir ; d'une certaine gène dans les mouvements du bras gauche, de douleur à la région précordiale. M. le professeur Laveran constate, au bord inférieur du grand pectoral, une tumeur fluctuante, profonde, de petit volume. Il fait écarter le bras du corps, fait une incision le long du bord inférieur du grand pectoral (peau et aponévrose), et aussitôt, un jet de pus verdâtre, de bonne nature, venant évidemment

(1) Briband. Des abcès sous-pectoraux. Thèse de Paris, 1856.

de la gaîne du muscle qui bridait le foyer, s'élance à plus de 0m 50. On en recueille trois cuillerées environ.

Du 3 au 5. Suppuration abondante. La pression, dans toute l'étendue du muscle pectoral fait sortir une grande quantité de pus, toujours de bonne nature. Le malade a cependant de l'appétit. Un peu de diarrhée.

Du 5 au 8. La suppuration se tarit peu à peu. On sent, sous l'incision, un noyau induré.

Le 9. Le malade a eu, hier soir, un frisson. Diarrhée.

Du 10 au 13. Les frissons se renouvellent. La diarrhée persiste.

Du 13 au 15. Point de côté à droite, avec dyspnée assez vive. L'amaigrissement fait de rapides progrès. L'examen de la poitrine donne matité à droite, jusqu'à l'épine de l'omoplate, à peine marquée à gauche, à la base. Pas de vibrations thoraciques dans ces points. A droite, absence de la respiration, souffle doux, égophonie. A gauche, râles crépitants à la partie inférieure du poumon, en arrière. Expectoration muco-purulente.

Le 16. Mêmes phénomènes. Dyspnée plus vive.

Le 17. Matité jusqu'à l'épine de l'omoplate, à droite. Absence des vibrations des deux côtés, en arrière. Pas de souffle. Absence de la respiration. En avant, sonorité exagérée et râles abondants. Pas de diarrhée. Pouls à 120. On a affaire à une pleurésie double.

Du 18 au 19. Râles trachéaux s'entendant en arrière, à travers l'épanchement. Souffle à gauche.

Du 20 au 23. La respiration redevient perceptible. Retour de la diarrhée.

Le 24. A gauche, sonorité normale en avant. Le cœur n'est pas refoulé. Frottements pleuraux en arrière. A droite, matité persistante jusqu'à l'épine de l'omoplate, avec silence respiratoire à la base. Râles muqueux en haut.

L'état adynamique empire, et le malade meurt le 29.

Autopsie faite 24 heures après la mort. Le sujet est très amaigri. La cavité péritonéale contient un peu de liquide. Quelques anses intestinales adhèrent entre elles. Rate, foie et reins sont sains. L'intestin grêle présente à sa terminaison de nombreuses traces d'ulcération des plaques de Peyer. Dépressions à fond plat, ardoisé, à bords réguliers, très-nets, de la dimension de lentilles.

Cavité thoracique. En coupant les cartilages costaux pour enlever le sternum, on trouve plusieurs foyers purulents du volume d'une grosse noix, pleins de pus crémeux, bien lié. Ils occupent les 3e, 4e, 5e espaces intercostaux à gauche, les 5e et 6e à droite, et sont logés dans l'épaisseur de la paroi thoracique, en faisant saillie du côté de la plèvre pariétale qui leur sert de paroi interne.

Les plèvres contiennent 3 à 4 litres de liquide purulent. Elles ne sont pas adhérentes, mais tapissées d'une couche épaisse de fausses membranes jaunes, tomenteuses, dont l'épaisseur est de plus d'un centimètre en certains points.

Le tissu pulmonaire est parsemé de collections purulentes, peu volumineuses, surtout aux sommets. Elles ont l'aspect des abcès métastatiques. Pas de pneumonie proprement dite.

On ne sent plus à travers les téguments le noyau induré. L'incision est cicatrisée, ainsi que le trajet fistuleux. La partie superficielle du grand pectoral a une coloration normale, et au-dessous on trouve l'ancien foyer.

Le cœur est sain.

Obs. II. — *Mammite aiguë. Pleurésie.* — Il s'agit d'une femme d'environ 35 ans, qui fut admise à l'Hôtel-Dieu dans l'hiver de 1848 pour un phlegmon aigu de la mamelle gauche. Le mal s'était développé pendant la durée de l'allaitement. La mamelle était très-volumineuse, très-tendue, et dans l'origine, on ne percevait pas de fluctuation. On employa d'abord les sangsues et les cataplasmes. La malade avait de la fièvre depuis quelques jours ; elle souffrait du côté gauche, ce que nous avions cru devoir rapporter à l'inflammation de la mamelle. Mais un jour il survint une toux un peu vive, qui me fit supposer que l'inflammation avait gagné la plèvre. Ayant fait asseoir la malade, je reconnus à l'auscultation une diminution manifeste du murmure respiratoire, dans la partie inférieure du poumon gauche, et la percussion indiqua une matité très-nette dans toute l'étendue correspondante. C'était au moment de la visite du soir. Je priai mon collègue, M. Macquet, de constater ces signes, et il pratiqua, séance tenante, une saignée. Le lendemain matin, Blandin reconnut aussi l'existence de la pleurésie. Il ouvrit l'abcès de la mamelle et fit appliquer de larges vésicatoires sur la moitié gauche du dos. La malade fut mise à la diète. Je ne saurais dire si elle fut soumise à de nouvelles évacuations sanguines. Quoi qu'il en soit, les accidents se dissipèrent heureusement, l'épanchement pleurétique fut résorbé, la mamelle se cicatrisa, et la malade quitta l'hôpital parfaitement guérie.

Obs. III. — (1re du Dr Briband). Résumée. Abcès sous-pectoral gauche, suite d'un coup porté au-dessus du mamelon. L'abcès est ouvert le lendemain de l'entrée du malade, vingt jours après avoir reçu le coup. 3 semaines après, le malade mourut d'infection purulente.

L'autopsie permit de constater une pleurésie subaiguë du côté gauche, et des adhérences des poumons à toute cette partie de la cage thoracique répondant au foyer sous-pectoral, à l'aide de fausses membranes épaisses et consistantes.

Obs. IV. — (4e du Dr Briband). Résumée. Abcès sous-pectoral gauche, ayant fusé dans l'aisselle. Il est fait des ouvertures nombreuses, mais un peu tardives. Exacerbation fébrile, toux, matité de tout le poumon gauche. Mort. L'autopsie démontra qu'il n'y avait aucune communication entre l'abcès et la cavité pleurale. On constata, en outre, dans ce même poumon, l'existence de deux pleurésies circonscrites par des adhérences anciennes.

Je ne veux pas faire sur ces quatre observations de longs commentaires, n'ayant pas vu les malades qui font l'objet des trois dernières. Je me bornerai à essayer de rétorquer une objection qu'on me pourrait faire sur la propagation par les lymphatiques. Voici l'objection : Dans les trois dernières observations, l'on ne dit pas que la pleurésie ait été purulente, le point de départ était cependant une collection de pus. A cela, je répondrai par cette simple remarque, qu'il n'y a pas plus de raison de vouloir que la pleurésie soit purulente, parce que le point de départ est un abcès, qu'il n'y en aurait de vouloir que la blessure pulmonaire, qui produit le phlegmon profond de l'avant-bras, soit une collection de pus. Le phlegmon est le résultat médiat de l'inflammation du renflement lymphatique de l'avant-bras; la pleurésie simple est le résultat immédiat de l'inflammation de la séreuse. Cette dernière peut en rester là ou devenir purulente, résultat médiat qui s'est produit dans ma première observation.

Je me contente de ces exemples de pleurésies suites d'abcès. J'en pourrais produire beaucoup d'autres, et pour des abcès siégeant dans les différents points de la cage thoracique. Ainsi, il m'a été permis d'observer dans le service de M. le professeur Gosselin, à l'hôpital de la Charité, un malade, dont il a fait le sujet d'une leçon clinique, malade qui présentait un phlegmon de la paroi latérale du thorax, compliqué de pleurésie. L'observation en a, du reste, été publiée dans la thèse du Dr Demartial (1). Mais comme les conditions sont les mêmes, dans quelque point que siégent ces abcès, je ne crois pas bien nécessaire d'en multiplier les exemples.

CHAPITRE III.

PROPAGATION AU PÉRICARDE.

Ainsi donc, l'inflammation de la plèvre peut être la conséquence d'un abcès situé dans une portion quelconque de la paroi thoracique.

Mais il existe dans la cage thoracique une autre

(1) Des abcès des parois latérales du thorax. Thèse de Paris, 1875.

séreuse que la plèvre ; c'est le péricarde. L'analogie m'a fait rechercher si je ne trouverais pas d'exemple de péricardite due à la propagation de l'inflammation née des abcès de la paroi thoracique.

Ainsi que je l'ai dit en commençant, mes recherches bibliographiques m'ont appris fort peu de chose à ce sujet. On dit bien que la péricardite peut succéder aux inflammations des parties voisines, mais je n'ai pu rencontrer aucune observation se rapportant à mon sujet. Je ne sais si je dois en rapporter la cause à l'insuffisance de mes recherches, ou si le cas qu'un de mes professeurs m'a mis à même d'observer sera un des premiers publiés. Quoi qu'il en soit, je crois que, chez certains sujets, ce que j'ai observé peut se produire, puisque le péricarde se trouve, tout aussi bien que la plèvre, quoique dans une bien moindre étendue, en contact avec la paroi antérieure du thorax. Je dis chez certains sujets, parce que le péricarde se trouve plus ou moins recouvert par les plèvres, surtout la plèvre gauche, selon que les poumons du sujet sont plus ou moins développés. Il répond à la face postérieure du sternum et des cartilages costaux gauches, surtout au niveau de la cinquième côte. C'est donc là que doit être le point de départ de l'inflammation.

Obs. V. — Le 30 avril 1874 est entré au Val-de-Grâce, dans le service de M. le professeur Gaujot, le nommé C..., garde républicain, présentant à la partie postérieure et inférieure du thorax une grosse tumeur molle, fluctuante, avec les apparences d'un abcès par congestion.

C... a 27 ans. Il paraît avoir été fort et bien constitué. Il n'accuse aucune maladie avant 1872. A cette époque, par suite d'un refroidissement, il eut une pleurésie gauche qui le fit entrer à l'hôpital (17 juillet). Quoique l'épanchement fût assez abondant, aucune ponction ne fut faite. Cette pleurésie se compliqua de péricardite. Des badigeonnages de teinture d'iode et des vésicatoires suffirent à faire résorber l'épanchement, et le malade partit en convalescence le 11 septembre, paraissant guéri.

Dans le courant de mars 1873, le malade revint à l'hôpital pour une nouvelle pleurésie du même côté, mais n'ayant pas eu, cette fois, de phénomène d'invasion. Après quelques jours de malaise, qu'il attribuait au froid, il avait ressenti une gène dans le côté qui avait été malade, et s'était aperçu qu'il avait de la dyspnée. Des vésicatoires furent appliqués, et le malade sortit guéri. (Mai.)

C'est alors qu'il s'aperçut d'une déformation qui s'accentuait de jour en jour. Le côté gauche de sa poitrine semblait s'aplatir transversalement, et, en arrière et en avant, la courbure augmentait, formant ainsi saillies.

En même temps, le malade constatait une grosseur qui se faisait à gauche du sternum, au niveau du cartilage de la cinquième côte. Cette tumeur, arrivée à la grosseur d'une noix, disparut lentement, en même temps qu'il s'en formait une autre à la partie inférieure et postérieure du thorax, près de la colonne vertébrale. Enfin, après six mois, le malade entre au Val-de-Grâce.

Il présentait alors, outre la déformation dont j'ai parlé, surtout accusée à la base du thorax, cette tumeur, grosse comme le poing, occupant l'espace compris entre les neuvième et douzième côtes, molle, peu douloureuse au toucher, sans douleurs spontanées, et fluctuante.

3 ponctions sont successivement faites ; chacune d'elles laisse couler environ un verre d'un liquide purulent, coloré, chocolat, selon l'expression même du malade. Après chacune des ponctions, l'abcès se reproduit.

Au mois de juin, une nouvelle ponction est faite, et l'on y joint l'aspiration. Le pus continue à s'y collecter.

On se décide alors à ouvrir plus largement l'abcès ; au mois de juillet une large ouverture est pratiquée par le caustique Filhos. La suppuration dure longtemps ; elle est très-abondante, et l'état général est satisfaisant.

Au mois d'octobre 1874, la suppuration diminua brusquement et s'arrêta pour ainsi dire. L'état général s'aggrave de suite. Le pouls devient fréquent, la peau chaude; le malade éprouve de l'angoisse, et la péricardite jusque-là éteinte reprend avec vigueur. On couvre la région précordiale de ventouses, et on administre de la digitale. Au bout d'un mois, la péricardite avait cédé, et la suppuration était à peu près tarie. Envoyé à Amélie-les-Bains, le malade vit son abcès se rouvrir, et la suppuration reprendre (Novembre). On pratiqua alors deux profondes incisions, deux mèches furent tenues en place, imbibées de teinture d'iode et de nitrate d'argent, et après un mois environ, la suppuration s'arrêtait, et l'abcès se cicatrisait. L'état général est assez satisfaisant. L'auscultation permet d'entendre des frottements dans la moitié de la hauteur du poumon. Le murmure vésiculaire est diminué. Expiration prolongée au sommet. Au cœur, un léger frottement. Quelques palpitations de temps à autre.

L'histoire très-embrouillée de ce malade me paraît pouvoir être résumée ainsi : un abcès s'est fait à la partie antérieure de la poitrine, au niveau du cartilage costal. Probablement la conséquence d'une pleurésie ancienne, cet abcès a fusé le long des côtes et est venu se faire jour près de la colonne vertébrale. Mais le point de départ est bien près du sternum et du cinquième cartilage costal, puisque c'est là que s'est montrée d'abord la tumeur. Pendant quelque temps, cet abcès trouvant de l'espace en se frayant une route, nous ne voyons rien du côté du cœur. Mais sous je ne sais quelle influence, le pus cesse de s'écouler ; une poussée inflammatoire se fait, et le péricarde est atteint.

On peut donc observer à la suite des abcès de la paroi thoracique des pleurésies et des péricardites qui se font par propagation de l'inflammation, et dans lesquelles on ne peut trouver de communication entre le point de départ et la cavité de la séreuse.

CHAPITRE IV.

OUVERTURE DE CES ABCÈS DANS LA PLÈVRE OU LES BRONCHES.

Mais il est un autre mode d'action de ces abcès qui agissent alors sur la séreuse, d'une façon immédiate, par le pus qu'ils renferment. Ces cas sont beaucoup plus rares, fort heureusement, car la guérison n'en peut guère être espérée. Je n'ai jamais eu l'occasion d'en observer, et si j'en parle, c'est uniquement parce que je ne crois pas pouvoir les passer sous silence, à cause des terribles effets qu'ils produisent.

Je me contente au surplus de rapporter ce qu'en dit Chassaignac. « L'altération osseuse est-elle plus profonde et plus étendue, le pus, fusant entre les muscles intercostaux, peut venir faire saillie à la partie antérieure du thorax, sur les côtés du sternum, comme cela a lieu quelquefois dans le mal de Pott. Ou bien le liquide purulent s'accumule au-dessous de la plèvre. (Abcès sous-pleuraux.)

Le plus ordinairement, la portion de la plèvre en contact avec un abcès lié à une carie des côtes s'enflamme, s'épaissit par l'addition de couches pseudo-membraneuses et s'indure dans le tissu cellulaire qui le recouvre, de manière à empêcher la pénétration du pus dans la cavité de la séreuse. Les seuls accidents qu'on observe alors dépendent du plus ou moins de compression du poumon.

Mais, si cette inflammation protectrice n'a pas le temps de se produire, quand la plèvre est décollée dans une plus ou moins grande étendue par exemple, une perforation peut avoir lieu, qui produit tous les accidents de l'empyème purulent. Il résulte de là, que, si l'abcès est ouvert, l'air pénètre jusque dans la cavité pleurale. »

Ces cas sont rares, mais ils existent, « et il ne faudrait pas regarder, disaient Roux et Bérard, comme un fait unique en son genre, le cas du fils de Jean-Louis Petit, chez qui le pus d'un abcès de l'aisselle se fit jour dans la poitrine. » Des faits analogues ont été observés ou cités.

Un abcès de la paroi thoracique peut donc provoquer une pleurite ou une péricardite ; il peut aussi s'ouvrir dans la plèvre et produire ainsi d'emblée une pleurésie purulente. Mais il peut aussi suivre une autre marche.

Nous avons vu, en effet, que l'abcès sous-pleural a pour effet de provoquer une inflammation de la plèvre. Les modifications qu'éprouve alors la structure de cette séreuse sont variables, et si cette inflammation est peu violente, circonscrite, elle ne produit pas une pleurésie proprement dite, mais bien une augmentation d'épaisseur de la plèvre, dont les deux feuillets adhèrent dans une certaine étendue. C'est la marche que suit la nature pour opposer à la perforation de la plèvre une barrière souvent infranchissable.

Mais, si le foyer purulent n'est pas ouvert à l'extérieur, si l'inflammation persiste à se propager vers la plèvre il est facile de se rendre compte de ce qui se produit. Le pus s'ouvre un passage à travers la membrane fibreuse qui forme le squelette de la plèvre, et détruit l'épithélium du feuillet pariétal. Au lieu de se trouver dans la cavité pleurale, il rencontre le feuillet viscéral. Il aurait bien de la peine à attaquer son enveloppe épithéliale, si, par le fait même de l'adhérence, ce feuillet ne présentait une grande vascularisation, suite naturelle de l'hyperplasie dont j'ai parlé. Cette vascularisation fait que l'épithélium protecteur n'offre plus à la destruction la même résistance. Le foyer purulent s'agrandit donc, aux dépens des deux feuillets de la plèvre, et se trouve en contact avec le tissu pulmonaire. La connexion est trop grande entre la plèvre et le poumon pour qu'un pareil travail n'ait pas mis ce dernier dans un état particulier. Si la marche de l'abcès est chronique, le parenchyme pulmonaire a le temps de s'indurer, de devenir hépatisé et de déterminer ainsi l'oblitération des petites bronches, qui dès lors, ne sont plus perméables, surtout quand il s'agit de donner passage à une matière de la consistance de celle qui est le plus souvent contenue dans les poches purulentes. Si, au contraire, l'abcès affecte une marche rapide, il se propage jusqu'à la rencontre d'une bronche d'un calibre suffisant, l'ulcère, et le pus se fait jour au dehors par une vomique.

Ce n'est pas là, il faut l'avouer, la marche habituelle de ces abcès. A quelle cause pouvons-nous donc la rapporter? C'est, je crois, à la disposition anatomique des parties qui recouvrent le foyer et le séparent de la peau. Les diverses observations recueillies, dans lesquelles un abcès sous-pleural a suivi une telle marche montrent toutes que ces abcès étaient bridés par les couches musculaires ou aponévrotiques, de telle sorte que, même souvent, ces abcès ont été méconnus et confondus avec une pleurésie enkystée.

Quoi qu'il en soit, plusieurs observations publiées ont mis hors de doute la possibilité d'une telle marche. N'ayant pas été à même de voir un de ces faits, je rapporte le résumé d'une longue observation d'un abcès par congestion ouvert dans les bronches, observation publiée tout au long dans la thèse du Dr Guérineau (1).

Obs. VI. — C'est un jeune homme de 19 ans, à constitution chétive, qui, après divers symptômes peu nets, présente à la partie droite et postérieure du thorax, une tumeur molle et fluctuante qui s'ouvre au dehors. Puis un jour apparaît une autre tumeur, présentant les mêmes symptômes, sur la paroi latérale du cou, à droite, immédiatement au-dessus de la clavicule.

Une nuit, le malade se réveille en sursaut, et après une quinte de toux, vomit une quantité abondante de pus. La tumeur diminue. Ceci se reproduit plusieurs fois. Enfin, le malade meurt, et l'on voit à l'autopsie qu'on a eu affaire à un abcès par congestion, qui s'était par deux voies ouvert une communication avec les bronches. Les deux feuillets de la plèvre s'étaient épaissis et adhéraient à ce niveau, de manière à isoler la cavité pleurale, du trajet de l'abcès. Le tissu pulmonaire est ramolli, les cellules pulmonaires détruites, et les bronches communiquent largement avec le foyer.

CHAPITRE V.

INFLUENCE DES ABCÈS THORACIQUES SUR LA TUBERCULOSE.

Je ne crois pas sortir du cadre que je me suis tracé en disant quelques mots seulement d'autres accidents du côté des voies respiratoires, accidents

(1) Guérineau. Sur un mode de terminaison des abcès par congestion. Paris, 1859.

sur la production et l'évolution desquels les abcès de la paroi thoracique ne sont pas sans avoir quelque influence. Je veux parler de la phthisie.

Il semble, au premier abord, bien difficile de comprendre comment un abcès de la paroi thoracique peut produire de tels accidents. Rien n'est cependant plus facile. Seulement, il faut bien entendre quel est le rôle que jouent alors les collections purulentes.

Si nous recherchons les causes étiologiques que l'on a assignées à la phthisie pulmonaire, nous les trouvons fort diverses, et disons-le, elles sont toutes isolément insuffisantes, c'est-à-dire qu'aucune d'elles n'entraîne nécessairement la phthisie. C'est que, pour produire cette affection, il faut deux ordres de causes :

1° La prédisposition, innée ou acquise, qui fait que l'individu est plus ou moins apte à recevoir et développer la maladie ;

2° Les causes occasionnelles, très-nombreuses, très-diverses qui provoquent le développement de l'affection.

Parmi ces causes, on a mis les suppurations prolongées.

Si l'individu est sain, cette suppuration le débilite, occasionnant une véritable cachexie, et l'individu est prédisposé.

S'il est apte à développer l'affection, la suppuration en détermine l'éclosion.

Si elle est déjà plus ou moins développée, elle en accélère l'évolution. Ce sont là des choses connues de tous les chirurgiens, et beaucoup se sont déjà trouvés, pour cela même, obligés de faire la part du feu, en supprimant, d'une façon brutale, pour ainsi dire, la cause de la suppuration.

Ce que je viens de dire de la suppuration, en général, rien n'empêche de l'appliquer d'une façon spéciale à ces abcès par congestion que nous voyons se développer dans l'épaisseur de la paroi thoracique, et même à ceux dont l'étiologie est autre. Le malade dont il est question dans l'observation X en est une preuve évidente, et l'état actuel mauvais dans lequel il se trouve tient, au moins en partie, à la lésion pulmonaire. Le dernier examen que nous en avons fait nous permet d'affirmer l'existence de craquements humides dans le sommet gauche. Pour ma part, je n'hésite pas à rapporter à l'interminable suppuration de son abcès la précipitation de son évolntion tuberculeuse et à dire que le danger immédiat de son affection réside dans la lésion pulmonaire.

La phthisie présente aussi dans son développement d'autres rapports avec les abcès des parois du thorax. Mais ils trouveront mieux leur place un peu plus loin.

CHAPITRE VI.

INDICATIONS THÉRAPEUTIQUES GÉNÉRALES.

Je voudrais, en terminant cette première partie, dire quelques mots des indications thérapeutiques de ces abcès, ne serait-ce que pour les mettre en regard de celles qui découleront de la seconde partie. Non pas que mon expérience dût entraîner la conviction : je ne me suis nullement placé au point de vue clinique ; j'ai voulu demeurer sur le terrain pathogénique, et je n'en veux pas sortir.

L'intervention que j'indique n'a donc pour but que d'empêcher les complications que pourraient entraîner ces abcès.

Chercher à faire disparaître, aussitôt que possible, l'inflammation. Pour cela, ouvrir à la collection purulente un passage facile vers la peau. Voilà ce qui est indiqué. S'il est nécessaire, faire une contre-ouverture, passer un drain et laver à grande eau.

Craignant de m'égarer sur un terrain étranger, je me borne à ces conclusions, et renvoie pour les détails au traité de M. Chassaignac.

DEUXIÈME PARTIE

L'étiologie des abcès de la paroi thoracique est très-complexe. Une multitude de causes ont été invoquées, et avec raison, car ces abcès revêtent des formes différentes. Abcès phlegmoneux, par congestion, froids, ossifluents, tous s'y peuvent rencontrer.

Je n'ai pas l'intention d'étudier les divers processus auxquels on les a attribués. Je me borne à mentionner les abcès phlegmoneux se produisant sous l'influence de causes étiologiques généralement adoptées, comme les frottements répétés, les coups, etc.; les abcès qui succèdent à des lésions osseuses, carie, périostite, etc.; ceux qui reconnaissent pour cause l'inflammation des ganglions, de l'aisselle, par exemple. Ce sont là les abcès les plus fréquents, et l'étiologie n'en est pas discutable.

Mais je crois que trop souvent ces causes sont invoquées sans preuves, que l'on explique leur production par des lésions que l'on suppose exister, et qui n'existent pas. Je pense donc qu'il est utile de rechercher quelles sont les autres causes qui peuvent donner naissance à ces collections purulentes; et parmi ces causes, le voisinage de l'appareil respiratoire nous permet de supposer que, dans certains cas, les affections de ces organes en sont la source. Le but que je me suis proposé dans cette seconde partie est d'étudier les conditions dans lesquelles cette étiologie pourrait être acceptée. Mais, avant tout, je ne veux pas qu'on puisse m'accuser d'être exclusif, et je m'empresse de dire que toutes les causes étiologiques invoquées peuvent être acceptées selon les cas.

CHAPITRE PREMIER.

DES ABCÈS COMME SUITE DE LA PLEURÉSIE.

Nous avons vu la relation intime qui existait entre les lésions inflammatoires de la paroi du thorax et les affections de la plèvre. Ici, la relation est la même, seulement les termes en sont renversés. Si l'inflammation des parois se peut communiquer à la plèvre, il est facile de s'expliquer comment la réciproque peut être vraie.

Nous avons, dans notre première partie, reconnu deux modes de propagation de l'inflammation : 1° par les capillaires; 2° par les lymphatiques. Ces deux modes sont également acceptables ici. Cependant il existe quelques difficultés, qui nécessitent une courte explication.

Une pleurésie étant donnée, à quel moment verra-t-on se produire la collection purulente? Est-ce pendant le cours de la pleurésie, peu de temps après, ou bien faut-il laisser s'écouler quelques mois? Je me propose de démontrer que la pleurésie peut produire, pendant son décours, des abcès, qui jouent même à l'égard de cette affection, un rôle critique. Que d'autres se produisent aussi dans le cours de la pleurésie, mais seulement quand elle est devenue purulente ; que d'autres enfin naissent alors que l'épanchement pleurétique est résorbé et quelquefois même qu'un certain temps a pu séparer cette résorption de la production des abcès.

I. *Abcès critiques.* — Il y a déjà longtemps qu'on a remarqué que, quand il y a coïncidence de deux inflammations, l'une se trouvant supprimée, il pouvait se faire que l'autre commençât à décroître. On a donné un nom à celle de ces deux phlegmasies qui par sa disparition amène la résolution de l'autre, on l'a appelée critique. On a, plus tard, abusé de ce mot, ce qui l'a fait passer de mode ; mais il n'en doit pas moins être conservé dans certains cas bien nets, en lui donnant un sens bien défini. L'abcès qui survient pendant la pleurésie, dans l'épaisseur de la paroi thoracique, peut dans certains cas mériter ce nom.

Voici une observation d'un cas de ce genre que j'ai recueillie en dehors des services hospitaliers, et qui, par cela même, manque de quelques détails, inutiles du reste au point de vue auquel je me place.

Obs. VII. — Une femme, de 30 à 32 ans, bien portante jusque-là, présente quelques symptômes assez peu caractéristiques, à la suite desquels un épanchement pleurétique se fait du côté droit.

Cet épanchement prend en quelques jours des proportions considérables. La matité remontait, en avant, jusqu'au-dessus de la mamelle ; en arrière, jusqu'au niveau de l'épine de l'omoplate. Bruit skodique. Egophonie, etc. On applique en vain des vésicatoires, on donne des diurétiques ; l'épanchement ne diminue pas.

Après quelques jours, la dyspnée est intense, la malade est abattue et se plaint d'une douleur sur les parties latérales du thorax. Le lendemain, je trouve au point, que me désigne la malade comme siége principal de la douleur, une tuméfaction avec empâtement et un peu de rougeur de la peau. Le jour suivant, les symptômes s'étaient accentués, et le médecin, à sa visite, reconnait la présence d'un phlegmon. Les répugnances de la malade en font reculer de quelques jours l'ouverture, qui est faite largement deux jours après. Le pus s'écoule en quantité considérable ; il est crémeux, bien lié, de bonne nature en un mot. La malade est soulagée de suite par cette évacuation de pus. Le lendemain, la matité était diminuée de quelques centimètres en hauteur, et quelques jours après, tout était résorbé. La convalescence fut rapide ; sans aucune rechute, la malade fut guérie.

Comment pouvons-nous expliquer la formation de pareils abcès ? Dire que ce sont des phénomènes de voisinage n'est guère avancer la question. Le foyer de l'abcès ne communiquait évidemment pas avec la cavité pleurale, et cependant il est naturel de penser que n'est pas une simple coïncidence. D'autres cas analogues ont du reste été observés, et une coïncidence qui se reproduirait ainsi deviendrait une conséquence.

C'est encore par les lymphatiques que je crois pouvoir les expliquer. L'inflammation de la séreuse s'est propagée, par ces vaisseaux, du côté de la peau, et une angioleucite suppurée en a été la conséquence. C'est, je crois, la seule façon de nous rendre compte de la formation de ces abcès sans destruction de la séreuse.

Mais comment se fait-il d'autre part que leur ouverture soit immédiatement suivie de la résorption de l'épanchement ? Est-ce une coïncidence ? je ne le crois pas encore, et voici ce sur quoi je me base pour cela : Cet abcès était la suite d'une pleurésie ; mais nous avons vu plus haut qu'un abcès n'est pas sans avoir une certaine action sur la plèvre. Ici donc l'influence était réciproque, et l'abcès, conséquence, réagissait sur la plèvre, point de départ, dont il entretenait l'inflammation. La suppression de l'une de ces phlegmasies, par l'incision et l'écoulement du pus, produisit une diminution de l'autre.

Il a été publié un certain nombre d'abcès se produisant pendant la pleurésie et sous son influence. Ces cas ne sont pas très-rares.

Vunderlich, Billroth et Lachapelle en citent des exemples. Seulement ils les rapportent à une affection générale, la péripleurite, qui reconnaît diverses causes étiologiques, entre autres la pleurésie, mais qui peut exister indépendamment de toute autre lésion, avec des symptômes propres, et une marche particulière. Je ne crois pas qu'on puisse accepter dans ces conditions cette affection comme entité morbide. La diversité des causes, des symptômes, de la marche et de la terminaison de ces abcès, tout, en un mot, s'y oppose. Quand on les rencontre, on a affaire à une complication.

2° *Abcès suite de pleurésie purulente.* — On sait que la plèvre est tapissée par une couche épithéliale qui empêche l'inflammation de se propager directement de la cavité pleurale au tissu sous-séreux. Cet épithélium joue un rôle protecteur, et c'est à lui qu'on doit ne pas voir tous les jours la pleurésie s'ouvrir un passage vers le dehors. Il est, en effet inattaquable par le liquide épanché, tant que la pleurésie demeure un phénomène franchement inflammatoire. Nulle observation n'a été publiée, dans laquelle un épanchement séreux aurait pu se faire jour au dehors sans traumatisme.

Mais il n'en est plus de même quand la pleurésie est devenue purulente. Le pus, en effet, possède des propriétés ulcératives auxquelles peu de tissus résistent longtemps. L'épithélium pavimenteux de la plèvre se laisse donc détruire dans une plus ou moins grande étendue, et la plèvre se perfore. L'épanchement se répand alors dans le tissu sous-séreux et forme là un abcès en communication directe avec la cavité pleurale. Cet abcès présente des caractères particuliers ; il est réductible, augmente de volume quand le malade fait un effort, etc. Il peut au surplus se comporter de différentes façons, ou plutôt l'état dans lequel il se présente à l'autopsie varie, selon le temps qui s'est écoulé entre la perforation et la mort du sujet, selon le lieu dans lequel s'est faite cette ouverture, etc.

Quelquefois, en effet, la mort enlève le malade avant que cette collection soit parvenue à ulcérer la peau, comme dans l'observation empruntée à M. Gubler (1).

Obs. VIII. (Résumée.) — Un jeune homme de 18 ans avait depuis deux mois, une pleurésie avec épanchement remontant aux deux premiers espaces intercostaux.

Tous les soirs, à la suite d'un frisson, la fièvre s'allumait, pour s'apaiser le matin. Les sueurs étaient devenues excessives. A ces symptômes on soupçonna que l'épanchement était devenu purulent. D'ailleurs une tumeur fluctuante apparut dans la région thoracique antérieure gauche, et ne

(1) Gubler. Comptes rendus de la Société de biologie, 1850.

laissa plus aucun doute sur ce point, en raison de la communication évidente du liquide avec l'intérieur de la cavité pectorale. La mort ne tarda pas à survenir, et l'autopsie révéla les lésions suivantes : la cavité pleurale renfermait un litre de pus, phlegmoneux, mélangé de flocons albumineux ; les deux feuillets de la plèvre étaient épaissis par l'addition de fausses membranes organisées et couvertes de masses molles, jaunâtres, comme caséeuses.

Sur la paroi, deux ouvertures arrondies, placées l'une au-dessus, l'autre au-dessous de la quatrième côte conduisant, au travers des intercostaux, dans deux cavités purulentes séparées au niveau du mamelon par une cloison irrégulière. Pas de tubercules dans les poumons.

D'autres fois, au contraire, le malade vit assez pour voir son abcès s'ouvrir au dehors, le pus s'écouler, et une ou plusieurs fistules pleuro-cutanées s'établir. De nombreux exemples de ces fistules ont été publiés ; entre autres le suivant (1).

Obs. IX. (Résumée.) — Un homme de 23 ans entre à l'hôpital Saint-Antoine au mois de décembre 1866 pour une pleurésie du côté droit. Gêne considérable de la respiration avec anasarque. Au bout d'un mois, fièvre et frissons. Vers la même époque, se forma entre la cinquième et sixième côtes, dans la région mammaire, une tumeur grosse comme le poing, qui incisée, laissa échapper une grande quantité de pus. Un mois après, en dehors de la première plaie qui s'était cicatrisée, nouvelle tumeur, nouvelle incision, et enfin quatre mois plus tard encore, troisième tumeur ouverte en arrière et en bas de la cavité thoracique. Ces deux dernières ouvertures, comme la première, donnèrent lieu à l'écoulement d'une grande quantité de pus. Depuis cette époque, les trois ouvertures, après s'être fermées et ouvertes alternativement plusieurs fois, sont restées fistuleuses. Examiné en mai 1868,

(1) Flamarion. Des fistules thoraciques. Thèse de Strasbourg, 1869.

une bougie introduite par la fistule postérieure, pénètre dans la cage thoracique.

En résumé, ancien épanchement pleurétique du côté droit, encore persistant, séro-purulent, suintant par trois fistules. De l'autopsie, il tire la conclusion que l'affection de ce jeune homme a débuté par la plèvre, car nous avons sous les yeux tous les degrés d'une pleurésie suppurée.

Dans ces cas, il est de toute évidence que la marche de la maladie a été celle que j'indiquais audessus, en un mot, que la propagation s'est faite de dedans en dehors, par continuité de tissus.

3° *De l'abcès, conséquence éloignée de la pleurésie.* — Depuis longtemps on a remarqué qu'il existait, surtout chez les soldats, une sorte d'abcès affectant une marche spéciale, tenant le milieu entre les abcès phlegmoneux et les abcès froids. Ces abcès ont, par leur longue durée et leurs caractères appelé l'attention des chirurgiens militaires, et diverses causes étiologiques ont été invoquées. Les frottements répétés, une pleurésie ancienne, des conditions hygiéniques amenant un état général mauvais, la périostite, etc.

Je dois dire que toutes ces causes peuvent amener la formation d'abcès, qui diffèrent de nature selon leur étiologie. Mais je ne veux m'occuper ici que de ceux qu'on a rapportés à une ancienne pleurésie.

C'est à M. Leplat (1), alors professeur agrégé au Val-de-Grâce qu'est due cette théorie; un peu avant lui cependant Wunderlich et Billroth avaient émis une idée analogue.

(1) Leplat. *Loc. cit.*

M. Leplat ne dit pas que tous les abcès du thorax survenant chez des sujets ayant eu une pleurésie doivent être attribués à cette affection; seulement il pense que, chez certains malades, on peut rapporter à cette dernière les phlegmasies purulentes à marche subaiguë qui se développent dans le tissu sous-pleural, du côté où s'était fait un épanchement. Quant à la façon dont il explique cette étiologie, la voici : « La pleurite se termine par des adhérences, et définitivement, sous l'influence d'un travail inflammatoire latent, le tissu cellulaire thoracique s'est enflammé. »

Cette théorie fut assez généralement acceptée. En 1873 cependant, dans sa thèse, M. le Dr Choné a essayé de renverser les idées de M. Leplat. Pour lui, les abcès dont nous parlons ne dépendent pas d'une ancienne pleurésie, mais sont le résultat d'une périostite.

L'idée n'était pas entièrement neuve. M. Parise avait, en effet, en 1849 (1) montré que souvent une conséquence de la pleurésie était une périostite suivie de la production d'ostéophytes. Mais ce qui est entièrement neuf, c'est la forme et la marche de cette périostite. Voici, en effet, les conclusions de M. Choné.

« La phlegmasie des parois thoraciques décrite a son point de départ dans une périostite phlegmoneuse primitive, simple. Le périoste ne suppure pas, mais amène par voisinage une fonte purulente du tissu voisin. » Si maintenant nous lisons l'anatomie pathologique de cette périostite, nous y trouvons que du périoste, formé de deux feuillets, l'ex-

(1) Parise. De l'ostéophyte, *Archives gén. de méd.*, 1849.

terne seul s'enflamme, étant très-vasculaire, et le feuillet interne ne participe pas à cette phlegmasie. Au surplus, il déclare ne pas avoir fait d'autopsies à ce sujet, mais avoir senti, au doigt, après l'ouverture de l'abcès, le périoste manifestement épaissi. J'avoue ne pas être convaincu par ces arguments, et je persiste à croire, avec M. Leplat, que la pleurésie peut, même à une époque un peu reculée, provoquer la formation d'abcès dans le tissu cellulaire sous-séreux.

L'objection principale que fait M. Choné à cette manière de voir, est en effet le temps, souvent plusieurs mois, qui s'écoule entre la pleurésie et la naissance de l'abcès. Je crois qu'il est une explication très-simple, à laquelle on n'a pas songé peut-être par cela même qu'elle était simple, et qui peut nous rendre compte du fait.

On sait qu'à la suite de la pleurésie il y a formation de fausses membranes qui adhèrent aux parois des deux plèvres. Ces adhérences, quelquefois très-résistantes, jouissent d'une propriété bien connue, la rétraction. Cette rétraction qui commence quand l'épanchement se résorbe a pour conséquence de ramener le poumon à peu près à son volume normal. Mais quelquefois le poumon, qui s'est trouvé refoulé et diminué de volume, ne peut plus jouir de toutes ses propriétés élastiques, et il y a tiraillement de ces adhérences. Si elles ne sont pas assez fortes, elles se brisent ; si elles le sont assez, elles résistent, et la bronchectasie trouve là une étiologie souvent invoquée. Cette rétraction des adhérences ne se termine pas en quelques jours, elle peut durer des semaines; les plèvres arrivent à se rapprocher de plus en plus.

Ne purrait-on pas penser que, sous l'influence de certaines conditions générales du malade, au lieu de voir la dilatation des bronches se produire, on pourrait voir la plèvre costale se détacher, se décoller, en un point où sa connexion avec la paroi thoracique serait moindre, comme par exemple au niveau de la côte ? Alors le tissu sous-séreux tiraillé, déchiré, s'enflammerait, d'où production d'un abcès sous-pleural ! Je donne cette idée pour ce qu'elle vaut, c'est-à-dire pour une hypothèse, mais elle me semble assez logique. Je sais bien que rien ne prouve ce décollement, mais comment pourrait-on prendre la nature sur le fait? Ou il y a décollement, ou il n'y en a pas. S'il y a décollement, l'autopsie montre une collection do pus, parce que la mort n'est pas venue aussitôt le décollement opéré ; et l'autopsie serait-elle même faite avant la formation du pus, que les recherches ne seraient pas dirigées de ce côté. S'il n'y en a pas, c'est qu'on n'a pas de péripleurite. Je ne sais si cette hypothèse pourra être admise, mais j'avoue qu'elle me satisfait bien plus qu'une périostite qui n'a jamais été décrite, et à laquelle on ne peut donner d'étiologie sérieuse.

Du reste, tous les arguments tirés des symptômes et invoqués comme preuve de cette périostite servent admirablement l'idée que j'émets. La douleur à la pression sur la côte, s'explique par la pression sur le foyer sous-jacent ; la localisation de l'abcès à la partie moyenne du thorax, par la présence d'adhérences à ce niveau ; l'impossibilité de mobiliser l'induration, par la disposition de cette induration, qui ayant perforé la cloison intercostale, se trouve, pour me servir d'une expression vulgaire, retenue là comme un bouton de chemise dans sa boutonnière. La douleur que le malade se rappelle avoir ressentie, c'est la sensation de la déchirure. Si plus tard, à l'ouverture de l'abcès, on peut constater un épaississement du périoste, c'est qu'il s'est formé une périostite secondaire qui en est au premier degré de son évolution.

Mais pourquoi ce phénomène se produirait-il plus souvent chez les soldats que dans la population civile? Je n'en sais rien d'une façon spéciale, mais je crois que pour cela, on peut invoquer, comme le fait M. Gosselin, et M. Choné lui-même, un état constitutionnel mauvais, résultant de mauvaises conditions hygiéniques, comme le sout celles des soldats et des quelques civils qui présentent ces abcès.

Quoi qu'il en soit, il y a ceci de bien établi, que chez certains sujets ayant eu, quelques mois auparavant une pleurésie, des abcès se sont montrés du côté qui avait été le siége de cette affection ; que ces abcès, affectent une marche spéciale, subaiguë, se sont souvent rencontrés dans ces conditions, et ne se rencontrent pour ainsi dire que dans ces conditions. Je crois que nous pouvons, sans blesser la logique, invoquer comme cause de leur production cette même pleurésie. Le malade qui fait l'objet de l'observation V peut-il me semble en être un exemple. En voici un autre très-net.

Obs. X. — Le 6 septembre 1875 est entré au Val-de-Grâce, dans le service de M. le professeur Gaujot, le nommé L..., pour un abcès de la paroi thoracique. C'est un homme robuste, de 38 ans, au service depuis 1858, actuellement dans la garde républicaine.

Le 7 juin, L... fut atteint d'une pleurésie du côté gauche qu'il attribue à un refroidissement, et entra dans le service de M. le professeur Colin. Il y resta deux mois, et sortit avec un congé de convalescence de trois mois.

Rentré au corps, dans les premiers jours de novembre, une douleur qu'il ressent depuis quelque temps à la base du thorax, en arrière, le force à suspendre son service, et à rentrer à l'hôpital. Et jusqu'au 6 septembre, date de sa dernière entrée, il ne fait pour ainsi dire que voyager de l'infirmerie à l'hôpital.

Le 15 novembre, il entre à l'hôpital et y reste trois semaines environ. Fin janvier, y reste vingt-trois jours, et, renvoyé à son corps, ne peut faire son service, et demeure à l'infirmerie pendant près d'un mois.

Fin mars. Sa douleur ne faisant qu'augmenter, étant persistante et exaspérée par les mouvements et la respiration, il revient encore à l'hôpital, où on lui applique un vésicatoire et un emplâtre de Vigo. Il y reste quarante jours environ, est renvoyé à son corps, dispensé de service, comme convalescent, pendant deux mois.

C'est à cette époque, août 1875, qu'il voit se former une petite grosseur à la partie antérieure de sa poitrine.

Cette tumeur, de la grosseur d'une noisette quand il s'en aperçoit, croit rapidement, avec douleur, et arrive à être, le 6 septembre, date de son entrée, de la grosseur d'un œuf.

Le 8 septembre, la fluctuation étant évidente, M. le professeur agrégé Pingaud plonge un trocart dans l'abcès qui laisse écouler une assez grande quantité de pus. Ce qui soulage fort le malade.

Pour faciliter l'écoulement, on fait une contre-ouverture, on passe un drain qui y reste deux mois environ, et l'on fait par là des injections d'alcool phéniqué. La suppuration commençant alors à se tarir, M. Gaujot retira le drain, et fit faire des injections de teinture d'iode tous les deux jours.

Examiné à ce moment, le malade est fort, quoiqu'affaibli par cette suppuration. Nulle part trace d'un tempérament scrofuleux.

A la partie antérieure de la poitrine, à gauche, un peu en dedans et en haut du mamelon, se voit une induration peu mobile, mal limitée, allongée de bas en haut et de droite à gauche, recouvrant les quatrième, cinquième et sixième côtes; on constate aussi la présence de deux ouvertures dont l'une est située à 0,05 environ au-dessus du mamelon, sur la quatrième côte, et l'autre à la même distance du mamelon, plus bas, entre les cinquième et sixième côtes. Le pus qui s'écoule par ces ouvertures est en petite quantité, et ne ressemble en rien au pus provenant d'une altération osseuse. Le stylet introduit par les deux ouvertures ne rencontre aucune surface osseuse dénudée, et peut pénétrer dans l'interstice des côtes.

L'examen du cœur n'indique aucune lésion de ce côté.

La percussion de la poitrine, du côté droit, ne signale rien d'anormal. Du côté gauche, elle ne peut se faire sur le point malade.

Sous la clavicule, de la submatité. En arrière, sonorité normale, mais un peu moins d'élasticité sous le doigt.

L'auscultation du côté droit ne donne aucune indication. Du côté gauche, au sommet, en avant et en arrière, le murmure vésiculaire est moins prononcé, et l'expiration est prolongée. Bruit de frottement à la base et sur les côtés.

On dilate les orifices au moyen d'éponge préparée. Cataplasmes. Au mois de janvier 1876, M. Gaujot pousse par l'une des ouvertures une injection de teinture de Villate. Le malade a quelques frissons, du malaise pendant quelques jours, et tout revient comme auparavant.

Mars. La lésion pulmonaire du sommet gauche s'aggrave. L'état général devient mauvais.

CHAPITRE II.

ABCÈS CONSÉQUENCE DE PNEUMONIE.

Dans son article sur la pathologie de la mamelle que je cite plus haut, Velpeau écrit ceci : « Chez un malade traité dans mon service à l'hôpital de la Pitié en 1834, un énorme abcès sous-mammaire qui communiquait avec les bronches s'était établi à la suite d'une pneumonie en apparence assez bénigne. »

J'avoue que ce fait m'avait laissé assez étonné

au premier abord. Jamais je n'avais vu ni entendu parler d'abcès, conséquence de pneumonie; quand recherchant dans la *Gazette médicale de Paris* 1860, je trouvai ce titre : « Cas de pneumonie terminée par une collection purulente à la région lombaire, par le Dr Brandicourt. »

En vain j'ai feuilleté les publications et je me suis renseigné près de mes maîtres, rien d'analogue ne paraît avoir été produit. J'ai pensé ne pouvoir passer ces faits sous silence, et voici, je crois l'explication qui paraît la plus naturelle.

Dans le cas du Dr Brandicourt, on a eu affaire à une coïncidence, car il ne me paraît pas possible d'accepter une action du poumon sur la paroi thoracique, la plèvre restant saine et sans adhérences, tant que de nombreux faits ne seront pas venus affirmer cette influence.

Dans le cas que cite Velpeau, les conditions sont tout à fait autres, et le processus que j'ai indiqué pour la production des fistules broncho-cutanées est en tous points applicable. Seulement au lieu d'une marche du dehors vers le dedans, il se produit une marche du dedans vers le dehors. Le processus se pourrait encore faire, comme nous le verrons dans le chapitre suivant, tout à la fois du dehors vers le dedans, et du dedans vers le dehors.

A l'exception de ces cas, je ne crois pas devoir accepter d'abcès des parois thoraciques comme suites de pneumonies.

CHAPITRE III.

DES ABCÈS THORACIQUES DANS LA PHTHISIE PULMONAIRE.

Depuis longtemps on sait qu'il se produit quelquefois pendant le cours de la phthisie pulmonaire des abcès de la paroi thoracique, et de nombreuses observations ont été publiées à ce sujet. Velpeau en parle : Flamarion (1) donne une longue liste de ces abcès ayant donné lieu à des fistules s'ouvrant d'une part dans une bronche ou une caverne, et d'autre part à la surface de la peau.

Le fait est donc certain. Mais comment se produisent-ils? que deviennent-ils? Vont-ils du dedans vers le dehors, du dehors vers le dedans, ou les deux processus existent-ils à la fois?.

Bouchut, dans son mémoire sur les fistules thoraciques, publie une observation dont il tire cette conclusion, que l'abcès s'est formé sur place et sans communication avec le poumon.

Boussac dans sa thèse dit que ces abcès peuvent produire des fistules de plusieurs manières, par un travail ulcératif qui se fait par degrés tantôt de dedans en dehors et tantôt de dehors en dedans. Il cite comme exemples de fistules plusieurs observations, mais n'indique pas si l'ulcération est partie de l'abcès ou du poumon.

Si l'on veut bien appliquer ici ce que j'ai dit plus haut de la production d'abcès dus à des fausses

(1) Flamarion. *Loc. cit.*

membranes, et le processus ulcératif suivi dans la production des fistules broncho-cutanées, il est facile de s'expliquer ce qui se passe.

Une caverne placée superficiellement donne, par propagation directe, naissance à une pleurite circonscrite, d'où production de fausses membranes, et abcès sous-pleural. Le travail ulcératif ayant pour point de départ la caverne s'avance à la rencontre de celui qui a pour point de départ l'abcès. Voici du reste une observation fort probante à cet égard.

Obs. XI. — Le 18 août 1874, est entré à l'hôpital du Val-de-Grâce, le nommé L..., âgé de 23 ans, atteint de bronchite avec localisation dans les sommets. Après un séjour à l'hôpital d'un peu plus d'un mois, L... fut envoyé en convalescence.

Pendant ce temps, il vit se développer une tumeur à la partie antérieure de sa poitrine, immédiatement au-dessus de la clavicule gauche, près de son articulation avec le sternum.

Revenu au corps, le malade entra à l'infirmerie, où cette tumeur s'ouvrit spontanément. La présence de L... à l'infirmerie dura deux mois, et de là, il fut dirigé sur l'hôpital. Il présentait alors, un peu au-dessous du premier, un second abcès qu'on dut ouvrir, en portant le bistouri entre la première et la deuxième côte. A l'aide du stylet alors introduit, on ne constate aucune lésion osseuse.

L'ouverture faite largement laisse écouler avec abondance un pus d'une couleur verdâtre. Pendant deux mois environ que dure cette suppuration, le malade devient pâle, maigre, et tellement faible, qu'on le met dans un cabinet séparé. Là, un mieux sensible se produit. La suppuration diminue, et ne laisse plus que quatre petites fistules. Le malade reprend courage; l'appétit lui revient et il se lève. Nul signe d'épanchement pleural.

A ce moment, environ le mois de juin, on transporte le malade sous une tente dressée dans le jardin, et il y séjourne, le mieux s'accentuant toujours, quand dans le courant du mois d'août, par suite d'efforts répétés, le malade se trouve subitement mal à l'aise, sent quelque chose se déchirer dans sa poitrine, et l'air sortir par les orifices fistuleux.

L'auscultation démontre la présence d'un pneumothorax. Cependant l'état général n'est pas mauvais.

Le froid force L... à quitter la tente pour rentrer dans les salles (octobre 1875). A ce moment, le malade tousse beaucoup, et à chaque mouvement de toux, l'air sort par les quatre ouvertures fistuleuses.

Un peu d'emphysème s'étant fait autour de ces ouvertures, on appliqua une couche d'ouate, avec un bandage légèrement compressif.

Le malade s'affecte, tousse, expectore des crachats purulents. L'état général devient mauvais. Constipation opiniâtre. Un peu d'anesthésie des membres inférieurs.

Les résultats de son examen pratiqué le 3 décembre sont ceux-ci :

Percussion. — Dans presque toute la hauteur du côté gauche, le seul examiné, vu l'état de faiblesse du malade, son clair, tympanique, et sensation de grande élasticité sous le doigt. A la base seulement, un peu de submatité.

Auscultation. — La respiration s'entend à peine. A la toux succèdent des râles qui ont un timbre amphorique, ainsi que les vibrations vocales. Tintement métallique. Dyspnée intense, peau chaude, pouls à 115.

Le 19 décembre, le malade meurt.

L'autopsie est faite le mardi 21, en présence de M. le professeur agrégé Pingaud, à ce moment chargé du service. Le diaphragme est un peu abaissé. Le foie descend jusqu'au niveau de l'ombilic.

Un stylet, introduit par les ouvertures fistuleuses de la peau, arrive dans un vaste clapier situé sous le grand pectoral. Ce clapier remonte, et envoie des prolongements suivant la direction des fibres du grand pectoral, jusque dans l'aisselle, le long des fibres du petit pectoral jusqu'à son insertion supérieure, avec un diverticulum qui suit le muscle sous-clavier. Aucune lésion visible à l'œil nu, de l'os ni du périoste. Ce clapier sous-pectoral communique avec la plèvre par cinq ouvertures diversement placées, et fort bien organisées de façon à ne pas faire d'angles.

Le thorax est ouvert de manière à pouvoir enlever en bloc la partie antérieure du thorax et les organes thoraciques.

Le poumon droit était adhérent de tous les côtés, mais surtout en dehors. Des granulations grises se trouvaient en grand nombre dans le lobe supérieur.

Le poumon gauche, ratatiné et retiré en haut, n'occupe qu'une faible partie de la cavité pleurale. Nulle trace d'adhérences à la partie inférieure.

A la partie supérieure et antérieure, adhérences disposées de telle sorte qu'elles enkystent l'espace dans lequel s'ouvrent les fistules cutanées. Ce kyste ne possède qu'une ouverture, en dehors, qui le mette en communication avec la cavité pleurale qui contient trois grands verres d'un liquide purulent. Dépôt à la partie inférieure de la plèvre, d'une matière gélatiniforme.

Le sommet du poumon gauche contient une caverne de la grosseur d'une noix, superficielle, qui s'ouvre dans la cavité pleurale, en arrière.

Ce poumon est farci de granulations et de nodosités tuberculeuses.

Ici la disposition des lésions est telle, qu'elle semble avoir eu pour but de nous montrer la marche que suit la maladie. Un abcès s'est formé sous la plèvre, puis étendu vers la peau, et ouvert au dehors par plusieurs orifices ce qui se rencontre quelquefois (fistules en arrosoirs). Ce même abcès s'est ouvert d'autre part dans une poche intra-pleurale, circonscrite par des adhérences solides. La caverne s'est ouverte dans la plèvre. Un point de ces adhérences rongé par le travail ulcératif de l'abcès s'est rompu un jour sous l'influence d'un effort. Une fistule complète, à trajet bizarre, en a été le résultat.

Supposons un instant que la caverne et l'abcès se soient trouvés aux extrémités d'une même adhérence, il n'y aurait qu'une fistule caverno-cutanée, et le processus eût été le même.

On peut donc dire que la phthisie produit dans certains cas des abcès des parôis du thorax ; que ces abcès réagissent à leur tour sur l'appareil pulmonaire ; qu'une perforation s'ensuit, d'où production de fistules caverno-cutanées pouvant servir à l'élimination des débris de tissu que contiennent les cavernes.

CHAPITRE IV.

INDICATIONS THÉRAPEUTIQUES GÉNÉRALES.

De même qu'à la fin de la première partie, je voudrais déduire des notions précédentes les indications ou contre-indications qui peuvent diriger le chirurgien qui se prépare à intervenir.

En présence d'un abcès ne communiquant pas avec les poumons, comme l'abcès critique de la pleurésie, ou celui qui en est la conséquence éloignée, intervenir est le devoir du chirurgien : il pourra alors empêcher la perforation de se faire.

Si la perforation de la plèvre est faite, ouvrir l'abcès, c'est faire l'opération de l'empyème, et en courir les risques.

Ce que fait spontanément la nature dans les abcès suite de phthisie, quelques médecins allemands l'ont tenté avec l'intention de guérir la maladie pulmonaire. Je ne crois pas que ces essais aient jamais été couronnés de succès.

A. Parent, imprimeur de la Faculté de Médecine, rue M.-le-Prince, 31

www.ingramcontent.com/pod-product-compliance
Ingram Content Group UK Ltd.
Pitfield, Milton Keynes, MK11 3LW, UK
UKHW032003260826
14628UKWH00005B/2255

9 782019 136864